유상식 詩想산문 99

보통사람 별별생각

보통사람 별별생각

초판 1쇄 인쇄 | 2020년 08월 12일
지은이 | 유상식
펴낸이 | 이승훈
펴낸곳 | 해드림출판사
주 소 | 서울 영등포구 경인로82길 3-4(문래동1가 39)
센터플러스빌딩 1004호(우편07371)
전 화 | 02-2612-5552
팩 스 | 02-2688-5568
E-mail | jlee5059@hanmail.net

등록번호 제2013-000076
등록일자 2008년 9월 29일

ISBN 979-11-5634-427-8

유상식 詩想산문 99

보통사람 별별생각

* 세월은
모든 것을 덮는다
그 속에 나도 있다

<책을 펴내면서>

살면서, 보고 듣고 느낀 것들에서
나를 들여다본다.
칠정(喜怒哀樂愛惡欲)이 출렁거린다.
모두가 삶의 현장이고, 체험이다.

즐거움과 인정에 목말라 했고,
아쉬움에 스스로를 자제하지 못한
심기가 야속하다.
좋으면 그저 포만감에 빠지고,
싫으면 이성을 묻어버리는
속성이 아리다.

오랜 세월 지나면서
알게 모르게 자제력이 조금씩
넓혀지는 듯

마음에 안겨 온 느낌을 적어둔 쪽지를
정리한 글이다.
살아온 세월을 되짚어보는 흔적이
끈끈하게 묻어있다.

스마트시대를 살아서인지
짧은 글에 생각이 모이면서

읽는 분들과 잠시라도
마음의 휴식을 공유할 광장에서
친숙하게 만나고 싶어

詩想 산문이 글의 형식과 격식에 여운을 남겼다.
자칭 '스마트세이'(Smart essay 약칭)격이다.

2020년 8월 12일
清谷舍廊房에서
유상식

*책을 펴내면서

1부 — 요지경 세상

2부 – 이런저런 생각

3부 – 잘 사는 지혜

4부 – 나를 알면 세상이 보인다

5부 — 시상 그리고 허상

1부

요지경 세상

* 세상을

바로 보는 눈
바른 생각
바른 행동이
내 삶을 밝게 한다

01 —:

삶은 순간 연속

삶은 순간 이음이자
그 연장 세월이다.

인연 닿아
태어나면서
세상 떠나는 그 날이
한 인생의 순간이다.

'눈 깜빡할 사이'
'얼떨결'
'아뿔싸'도 순간

긴 세월 두고 보면

백 년도 한순간이다.

삶이 즐거우면
순간은 잠깐

삶에 지치면
순간은 길기만 하다.

탐욕, 집착이 삶에 끼어들면
순간은 지루하다.

삶에는
평탄한 길 만 아니다.

삶의 순간들에
온갖 사연이
줄줄이 엮인다.

오랜 세월 살고 나면
잘 살았던
못 살았던
미련도

후회도
모두가 허탈하다.

어떻게 살던
삶은 한순간
순간을 잘 살아야지.

세상 떠나는
그 순간
모든 게 끝난다.

02 —:

세상사 인간사

애초 세상은 단조로운데
인간은 번잡하다.

세상은 본디
순응과 기다림인데
인간은 언제나
다투고 덤빈다.

세상은 보이는 그대로인데
인간은 세상을 버무린다.

세상 품속에 인간 있는데
인간이 세상을 외면한다.

한탄도, 원망도 마다 말고
세상만사 품고 살아야
삶은 생기가 넘친다.

03 —:

그대 내 곁에 있어

[1]

그대
내 곁에 있어
나에게는
태양입니다.

그대와 함께
세상 산다는 것
만으로도
행복은 날개를 펴고
꿈속을 날고 있습니다.

그대는
언제나

내 모든 걸
간직한
보물 곳간입니다.

그대가
내 품에 있어
나는
온 세상 얻었습니다.

[2]

세상 살면서
서로가 소중함을 안고 있는 부부
애정이 속속들이 묻어 있는 연인
언제 만나도 편한 친구

서로가
든든한 존재감이 쌓이면

삶은 꽃길이다.

04 —:

삶의 인연

살아 있다는 것은 축복
살면서 많이도 만난다.

별의별 사람
수 없는 세상살이
차곡차곡 쌓인 추억

세월 가닥에
만감이 휘감긴다.

삶은

웃다 울고
울다 웃고
뒤죽박죽

많은 사람
웃고 살기만 바란다.

계속 웃기만 하면
웃음은 싱겁지
때로는 울기도 해야
웃음의 소중함
마음에 안겨 온다.

어떤 인연으로
어떤 사람을 만나든
어떤 삶이 펼쳐지든
가슴에 안아야
삶은 편하다.

인연 다해 세상 떠나면
모든 것은 끝장

사는 동안
잘 살아야 한다.

05 —:

돈! 돈!

한 때 ‘황금 만능시대’가 유행
돈이면
세상에 안 되는 것이 없다는
비아냥거림

지금도
돈으로 살 수 없는 것이
돈으로 계산된다.

‘아름다운 사랑’
‘단란한 가정’

'절친한 우정'

돈이 있어야
웃음이 번진다.

참!
슬픈 현실

돈! 돈!

'돈이면 죽은 사람도 살린다'
빈말이 아닌 듯
세상이 어지럽다.

돈
정당한 거래 수단인데

엉큼한 돈은 그저 독약일 뿐이다.

06 —:

향기 나는 사람

사람은
인품에
향기가 나야
바탕도
아름다워야 한다.

밝은 생각
옳은 행동
좋은 습관이
사람다운 사람이다.

사람이기를
마다하면
짐승이나 다름없다.

요즘
세상 살펴보면
겉은 사람인데
하는 꼴
짐승처럼
사방에 득시글득시글

향기 나는 꽃
만인의 관심

시든 꽃
누구도 무관심

사람도 꽃

향기 나면
곁으로 몰려들고
향기 지면
모두
주변을 떠난다.

'꽃향기 백 리'<花香百里>
'사람 향기 만 리'<人香萬里>
언제나 새록새록

이왕이면
내가 뿜는 향기
만 리까지 퍼지는
꽃 향 되어야지.

07 —:

뭐 인생살이 별건가

사람 한평생 잠깐
일 년이 어제 같고
십 년이 엊그제다

그냥 엄벙덤벙 산 것 같다
남은 날이
코앞

그런데도
백세시대라고
'내 나이가 어때서'

가는 곳마다
온통 생난리

주변 챙기고
정리할 것 정리하고
미련 거두고
속도 끓이지 말아야지.

세상 하직하는 날
이승에서도
저승에서도
그 누구도
알려주지 않는다.

사는 동안
속 끓이지 말고
마음 편하게
그저 즐겁게 사는 것
최고의 행복이다.

08 —:

남은 세월

자연에서 겨울은
봄을 준비하는 휴식인데

인생에서 겨울은
더없이 쓸쓸한 계절
다시는
돌아오지 않는다.

몸과 마음 여리어지는 건
어쩔 수 없지만

겨울만이라도
잘 살아야 하는데
욕심만 가득하다.

남은 날들
미련, 후회, 욕심
모두 거두고

느긋하게
맛나게
멋지게

잘 살아야지.

내 인생
누구도
관심 없다

오직 나 혼자다.

09 —:

조화의 묘미

조물주가 인간에게
비교 감정 준 것은
참 절묘!

'행복과 불행'
'기쁨과 슬픔'
'웃음과 울음'
'사랑과 미움'
'성공과 실패'
'희망과 절망'

살면서 비교가 없다면
천국도 지옥도 없을 터
잘 살고 못사는 거
뭐가 뭔지도 모를 터
세상은 온통 적막강산일 터

욕심 거두고

부자로 살면
가난할 때

즐거움 넘치면
외로울 때

권세 도도하면
몰락한 때

몰골을 챙겨보아야지.

이쁜이랴!
세상만사
모두가 음양을 맞대고 있다.

'동지'와 '적'
'지지'와 '반대'
'혼란'과 '안정'

양쪽 모두 안아야
세상 잘사는 처방인데

인간
그저 좋은 쪽만 욕심을 낸다.

10 —:

마음속 거울

‘눈에서 멀어지면 마음에서도 멀어진다.’
살아보니 두고두고 새록새록

‘몸에서 멀어지면 마음도 식는다.’
인간의 속성

가족, 연인, 친구, 이웃도
자주 만나고
부딪쳐야
정도 쌓인다.

정 없는 만남은
언제나 남남

보고 싶고
만나고 싶은 사람 있으면
마음속 깊이 담아 두고

내가 먼저
손을 내밀어야 한다.

11 —:

장수長壽는 부담

나는
대자연의 신비와 경이로움을 체험하는
재미에 이끌려
세계 여기저기
낯선 곳 트레킹을 무척 즐겼다.

갈 적마다
지구의 오묘한 조화는
그저 감탄!

최근 트레킹 주선하는 지인한테서

통 연락이 없어

사연 챙겨보니
나이가 많아서
부담스럽단다.

일행 중에
세대 차가 크면
분위기가 어색하고

뜻밖의 안전사고는
진행에 차질이 생겨
난감하단다.

모임에서도
나이 들면
이런저런 핑계로
만남이 어색하다.

60대까지는
세대 차이가 나도
그런대로 어울리지만
70대, 80대가 되면
만남이 뜸해진다.

오랜 친분이 쌓인대도
나이 들수록
어쩐지 부담 느껴져
사이는 더 멀어진다.

한번은
가까이 지내는 70대에게

"상대가 나이 들면
부담스러운가?"

"꼭 그런 건 아니지만
아무튼 친밀감이 둔해져

좀 그러기는 해요."

나이 들면서
인간관계 외로움
어쩔 수 없는 현실이다.

요즘 가까이 지내던 지인들
하나 둘 소식 뜸해
간혹 안부 전화라도 하면
대화 분위기가 썰렁

하기야 나이 들어 오관이 무뎌지면서
삶의 맛을 점점 잃어가는 생리적 현상이니
누구를 탓하랴!
내가 나를 보고 웃을 수밖에…

인생도
노년을 잘 챙겨야
삶은 한층 여유가 생길 듯싶다.

12 —:

요즘 세상

주변 돌아보니
세상이 요사스럽다.

이런저런 인연 있는데도
이득 없으면 건성으로 마주하고

매정하게 돌아서 버린다.

돈, 권세 없으면
사람 구실 못하는 세상이다.

금품 만능
권력 세도가
요즘 세상이다.

그 옛날은
인품과 능력이
인간을 밝혀내는 잣대였는데

물질과 권력이 번창하면서
인성은 거칠어지고
인정은 메말라
인간은 박제가 되나 보다.

세상은 정이
가득하고 넘쳐야
살맛 나는데
안타깝고 허전하다.

13 —:

노년 탄식

나이 들수록
무병 자연사가
절절한 바람인데

이 사람 저 사람 만나 보면
거의
몹쓸 병에
골골

울고 왔는데
웃으면서

떠나게나 하지

지지리
복도 없어라.

오래 산다고
좋아할 일만은 아니다.

욕심 같아선
병들지 않고
살 만큼 살다
편안히 가면 오죽 좋을까.

14 —:

세월 타령

[1]

인생은 세월 여행
가다 그만둘 수도 없고
어떻게 보내느냐
내 몫이다.

스쳐 간 사람들
추억 속에
심상心象만 남는다.

모두가 그립다.

소월 시인도 같은 마음이었을까.

'산산이 부서진 이름이여! / 허공중에 헤어진 이름이여! / 불러도 주인 없는 이름이여! / 부르다가 내가 죽을 이름이여!'

인생은
세월을 안고
그리움 쫓으며
마냥
흘러만 간다.

[2]

밤마다
잠을 설치면
머리맡에 둔 책을 편다.

읽을 때는 감동인데
책장을 넘기면
앞 페이지는 하얗다.

순간이 즐거우면
그것으로 족해야지.

[3]

나이가 드니
하루가 다르게
몸 여기저기가
깜박거린다.

흘러간 세월
난들
어찌하랴.

남은 세월
실려 가는 몸뚱이
갈 때까지 가야지.

15 —:

멀어지는 인정

‘부모님 저승 가 일가친척 멀어지고’
‘부모 자식 따로 사니 훈훈한 정 멀어지고’
‘TV, 스마트 폰, 컴퓨터에 푹 빠져
 부부 사이 멀어지고’
‘직장 그만두니 동료 멀어지고’

‘고향 떠나 사니 고향 사람 멀어지고’
‘직장 따라 살다 친구 멀어지고’
‘사생활 보호라며 이웃 간 멀어지고’
‘나만 잘살면 되지 남의 사정 멀어지고’

'내 편하면 그만이지 옆 사람 멀어지고'

멀어지고, 멀어지고, 또 멀어지고
세상이 너무 삭막하다.

예전엔
가족은 오순도순 정감을,
친구는 진한 우정을,
이웃은 내 가족인 양
챙기고 다졌는데

지금은
복잡한 세상 탓인지
간사한 인간 탓인지
삶이 퍽퍽하고
삭막하다.

'이기주의'
'편의주의'

'개인주의'
'물질위주'
'기계위주'
세상은 많이도 변했고
지금도 변하고 있다.

마음 바짝 다잡고
세월 따라 변하는 인심
웃으면서 따라야지.

16 —:

딱한 사람

배고프면 먹이가 전부
먹을 만큼 먹으면
그곳을 떠난다.
짐승들 삶의 방식

인간은
배가 불러도
먹이라면
명분도
체면도 없이
쌓고 또 쌓는다.

온갖 정상正常이 무너지고
먹이 싸움이 곳곳에
난장판

짐승만도 못하다.

그러다
포승줄에 묶여간 사람

어디 한둘인가

지나친 욕심
나를 묶는 포승줄인 걸!
왜 몰랐을까.
딱하고 딱하다.

17 一:

어지러운 세상

지금 살고 있는
우리네 세상

여기
저기
만나기만 하면
체면, 염치 어디 가고
모두가
둑 터진 늬두리다.

누구는 어떻고

또 누구는 이렇고
입만 나불나불
알지도 못하면서 잘도 뱉는다.

그러면서
오기는
하늘을 찌른다.

헐뜯고, 헐뜯고, 또 헐뜯고
헐뜯기만 하는
어지러운 세상!

내일은 밀쳐두고
허풍만
풀풀 날라
온 세상 뒤엎는다.

어쩌면 좋아!

'잘살아 보세 / 잘살아 보세 / 우리도 한번
잘살아 보세'

새마을 '협동 정신'
한때 바람이었나!

'국가번영'
'국민화합'
우리 모두의 청사진인데!

18 —:

살아온 세월

자연은
꾸미지도
다듬지도
않은
보이는 그대로인데

질서
조화
순리가
그저 감탄이다.

인간도
본디 자연인데
고약한 세월에 올라타고
온갖 절묘한 방법으로

삶을

꾸미고
다듬고

넓히고
줄이고

속이고
숨긴다.

살면서
힘들어도
건강 잃어도

재미없어도
절절한 만남 끊어져도

살아온 세월만 아쉽단다.

누구 탓하랴!
모두가 내 탓인걸!

19 —:

고인의 명복을 빈다

새벽 5시 잠이 깨면서
라디오 첫 뉴스에
'전 대우그룹 창업 회장 83세 별세'라는
아나운서에 화들짝 온몸이 조여 왔다.

회장과는 같은 연배 말고는
어떤 연고도, 인연도 없다.

그런데도 그의 죽음 소식에
가슴이 찡한 것은
가난한 한 시대를 함께한

진한 감정이 묻어서다.

삶이 어려울 때
그의 행적은
많은 사람들에게
포부와 도전정신을
일깨워 준 자석과 같은 존재

'세상은 넓고 할 일은 많다'는 저서는
미래를 꿈꾸는 젊은이들에게 희망과 용기였다.

하는 일은 달랐지만
같은 시대를 살면서
그의 '열정'과 '도전' 그리고 '추진력'은
내 삶에도 대단한 자극이었다.

세계 경제 폭탄 외환위기 맞아
거대한 저수지 둑 터진 듯 시련 거치면서
그의 명예가 그늘진 아픔 간직한 채

이승을 떠난 사연이 안타까웠다.

한때
세상의 관심과 기대를 모으면서
혜성같이 나타났다
이런저런 구설로
초라하게 뒤로 사라지는
각계 명사들의 행적을 많이도 본다.

'어떻게 살 것인가?'
한 인간의 파격적인 성공과 실패의
생생한 가르침 한 번쯤 새겨 볼 적하다

'고인이여, 편히 쉬세요.'

20 —:

욕심 있어 인간이다

자연생태계 동물은 온몸을
자연에 맡겨
본능으로
삶도 죽음도
그저 받아들인다.

인간은
삶의 계산이 복잡하다.

'지능' '지식' '목표'
'실적' '창의력'에

삶의 가치를 두고

개인도
사회도
국가도
성과에 목을 맨다.

모두가 원초 본능에
덧씌워진 욕심 때문이다.

인간에게 욕심은 성장과 발전에
장점이자 단점이기도 하다.

'욕심이 사람 죽인다'는 속담은
살면서 지나친 욕심은
스스로를 망치게 한다는 경고

인간에게 욕심 있어
성공과 실패로

세상은 요동친다.

허황한 욕심은 패가망신의
끈질긴 유혹이지만

긍정적인 목표를 두고
한길로 밀어붙이는 욕심은
건강한 삶의 부싯돌이다.

2부

이런저런 생각

* 삶은

끝없는 고락의 먼 길이다
멀다고 머뭇거리면
낭패가 기다린다
그저 열심히
잘 사는 것이다
그 열쇠는 내가 쥐고 있다

---

21 —:

먼 길 쉬엄쉬엄

먼 길 갈 때
한 번씩 쉬어 주면
지루함도 덜 하고
체력도 조절된다.

삶의 길도
쉬면서 가면

생기도
의욕도
새로워진다.

'잘 가노라 닫지 말며 못 가노라 쉬지 마라
부디 긋지 말고 촌음을 아껴서라
가다가 중지 곧 하면 아니 감만 못하니라'

조선 시대 김천택 시조가 삶을 매섭게
후려친다.

지금에야
살 만큼 살고
인생길이 짧다고
투덜댄다.

세월 좋아
백 년 장수에
목매단다.

인생길
속도계도
시한폭탄도 없으니

급할 것 없다.
오래 사는 것보다
'어떻게 사느냐'

쉬엄쉬엄
챙기고, 살피는 것이
삶의 예술이다.

22 —:

인생길

인연 있어

이승 왔다
웃다 울다
일하다 놀다
사랑하다 미워하다
좋아하다 싫어하다

인연 다해
가진 거 놓아두고
저승 가는 게

인생인데

그저 덤벙대고 악악거리다
후회, 미련만 남기고
어영부영
걸어가고 있다.

하루를 살아도
사는 동안
웃음꽃 피우며
삶을 다듬고 가꾸면서
재미있게 살아야지.

어차피 끝나는 인생길인데.

23 —:

삶의 귀띔

‘어떻게 살지?’
정답은 없다.

이왕이면
부딪치면서
치열하게 사는 것이다.

힘들다고
좌절하거나
포기는

삶을 단절한다.

원해서
태어난 게 아니지만
이왕이면
잘 살아야지.

살면서
목표를 정하고
열정을 더하고
혼까지 불어넣으면

'성공' '행복'
환하게 웃으며 팔을 벌린다.

삶은 기다림이 아니고
온 힘 다해
뚜벅뚜벅 찾아가는 초행길이다.

24 —:

끝과 끝

끝과 끝은
아주 멀게 느껴지지만
바로 곁에 있다.

대박이 터지면
쪽박이 심술을 부린다.

쾌락이 춤추면
나락이 망을 본다.

행운이 찾아오면

불운이 붙어온다.

진한 사랑에 녹다 보면
쓰린 아픔 기다린다.

살면서
웃다
우는 것이
남의 이야기 아니다.

좋다고
우쭐거리기도
힘 든다고
기죽지 말고

당당하게
내 갈 길 정하고
앞만 보고 부지런히 가면
그 길은 생기 넘치는 상큼한 길이다.

25 —:

반듯하게 살기

한번은
'어떻게 하면 잘 사는 건지'
평소 아끼는 한 젊은이가
직장 가지면서
물어온 적 있다.

사람마다 다르지만
삶에는 정답이 없다는 게
내 생각이다.

모처럼 묻는 말에
해답은 본인 몫이고

새겨 살면서 습관 되면
잘사는 평범한 지혜를 일러주었다.

'어떤 유혹에도 굴하지 않는 삶'
'신의와 예절이 반듯한 삶'
'가진 것에 감사하고 분수에 맞는 삶'
'부지런하고 아껴 쓰는 삶'

'상대를 존중하고 누구도 미워하지 않는 삶'
'사리에 합당하고 탐욕을 멀리하는 삶'
'매사에 성실하고 남의 탓 하지 않는 삶'
'인정을 베풀고 남을 도와주는 삶'

이왕이면
반듯한 사람으로 잘 살아야 한다고
손을 잡아주었다.

몇 년 후
의젓한 청년 되어
일러준 대로 잘 살고 있다면서
함박웃음이었다.

26 —:

풀어야 할 실타래

가는 곳마다
만나는 사람마다

한쪽은
한없이
나서기에 열중하고

한쪽은
굳이 나서기를 꺼려한다.

그런데도
자기주장에 반론 펴면
충돌이 판을 편다.

한 편은
변화에 열광하고
한 편은
현실에 안주한다.

'개혁과 안정'
'투쟁과 반론'
'혁신과 전통'
'내 편과 네 편'

오늘에 사는 우리네 주변이다.

풀어야 할 우리 모두의 숙제인데도
도무지 안개 속이다.

네 편, 내 편은
‘절대왕정이던 조선 시대’
‘일제 식민시대’
‘해방 후 미군정 시’
‘대한민국 정부 수립 후’
‘6.25 전란 중’
‘군사정권 시절’
‘민주화 투쟁 시’
‘문민정부’
‘국민정부’
내리 지나면서
명분과 사심이 뒤엉겨
패거리, 파벌주의가
끝이 보이지 않았다.

지금도 국민 관심사가 불거지면
떼거리가
한 치의 타협이나 양보도 없다.

패거리 유전인자 탓인가
뭉치면 망하고 싸워야 산다는
소인배의 못난 착시 때문인가.

모두가
나라발전에
국민 된 걱정인데
도무지 실마리가 보이지 않는다.

진정 융합할 방도가 없을까.

27 —:

바보 같은 생각

'웃으면서 살아야지 울면서 살기는'
'행복하게 살아야지 불행하게 살기는'
'건강하게 살아야지 병들어 살기는'
'정직하게 살아야지 비겁하게 살기는'
'부자로 살아야지 가난하게 살기는'
'즐겁게 살아야지 우울하게 살기는'

이 모두가 바보 같은 투정이다.

삶은 생각대로 되지 않는다.

'세상만사는 뜻대로 되지 않는다.'
그저 열심히
최선을 다해 사는 것이다.

그래서 얻어지는 결과는
내 팔자소관일 뿐이다.

28 —:

부부 사이

'부부는 그 많은 사람 중에서
 딱 한 쌍인데
 정을 나눌 때만 마주 보아야지'

오래 살아 본 이들이
넌지시 귀띔한다.

마주하면
상대방 흠만 보이고
부딪칠 때가 많단다.

그러다 옥신각신
서로 상처만 남긴다.

평생
잘 살아 보자는 진한 정으로
같은 방향으로만 쳐다보자 했는데
오래 살다 보면
마주 보는 때가 많아진다.

정다운 얼굴
그 자상함은
어디 가고
그저 불편만 질펀하다.

부부는
가장 편안한 삶의 동행이다.

마주 보든
옆으로 보든
뒤로 보든

죽음이
둘을 갈라놓기까지

서로 위하고
아껴주어야 하는
평생 동반자인데

왜들
부딪치고
다투고
불편해하는지

너무 믿어서인가
너무 관심이 많아서인가

나도 모르겠다.

29 一:
삶도 죽음도 품격이다

인연 되어
세상에 태어났는데

이왕이면
못난 짓 하고
더러운 이름일랑
남기지 말아야지.

같은 값이면
좋은 일 하고
후손들

욕 먹이지도 말아야지.

모진 세월
허겁지겁 살다
죽음에 이르러서야
마구잡이로 산
세월을 후회하며

'내가 왜 그랬지?'

좋은 삶도
나쁜 삶도
다 내 탓인걸.

사는 동안
막살지 말고
인간답게 잘 살아야지!
삶도 죽음도 품격이다.

30 一:

장례식장 풍경

가끔 장례식장 문상問喪을 한다.

삶과 죽음을 가르는 이별의 순간인데도
죽은 자는 뒷전이고

온 상주가
조문 손님 치다꺼리에
정신없다.

고인이랑 상주

신분 따라
재력 따라

조화와 문상객이
온통 난장판이다.

고인에 대한 애도의 정보다
격식에 자기를 과시한다.

돈, 돈, 돈,
조문록 펼쳐보며
'누가 왔었지'
'얼마를 부조했지'

그저 돈타령
인맥 타령으로
인간관계를 짚어보고
뒷맛을 다진다.

고인이 알기나 하랴마는
장례식장이 서글프다.

세상과 이별을 다 함께 슬퍼하던
아! 옛날이여!

언젠가
산행 동반자와 산길을 걸으면서 나눈 대화다.

“당신 장례식은 어떻게 했으면 해요?”

“직계가족, 가까운 친인척
평소 각별히 절친한 지인으로
오붓한 고별장告別葬이었으면 해요.”

“나도 동감이요.”

31 —:

권력이 춤추는 세상

지금 세상
온통 시끄럽다.
국민은 안보와 경제가 불안한데
의뭉스런 권력이 세력다툼에
하루하루가 뜨겁다.

나쁜 권력은
'정의'가 사라진 곳
'질서'가 무너진 곳
'먹이'가 있는 곳
'폭력'이 춤추는 곳

‘세력’을 모으는 곳에

기생충처럼 파고든다.

세상 혼탁할수록
이 권력
저 권력
여기저기 진을 친다.

권력이 극단으로 치닫는
세상 되면
온갖 불안이
사방에 그늘을 펼친다.

잘못된 권력이 춤추면
세상은 쑥대밭이다.

정당하고 정의로운 권력이
우리 모두 바람이다.

32 —:

나를 죽이는 것들

'미움' '분노' '원망' '앙심'
'오해' '탐욕' '집착'

가장 못난 사람
마음속 응어리다.

이 속에
허우적거리는
나를 알면서도
후회하면서도

걷어 내지 못하고
칭칭 감기는 바보
당장
이 질척한 용심을
벗어나야

밝은 삶이
나를 감싸리라.

33 ㅡ:

좋은 만남

삶은 만남이다.
우리는 세상을 만나면서
살아간다.

살면서
별의별 사람
다 만난다.

'누구를 만나느냐'
삶은 확실히 달라진다.

좋은 사람
곁에 두고 싶은 사람
만나면
삶은 향기가 풀풀 난다.

부부, 연인, 친구
잘 만나면
축복이자 대박이다.

둘 사이
눈높이가 비슷하면
복福 중 복이다.

'성장 과정'
'가정 환경'
'성격'
'지적 수준'
'생활 여건'
'삶의 방식'

'세상 보는 눈'
수평이면
더 바랄 것이 없다.

좋은 인연인데
수평이 기울면
피곤하고
지친다.

멀리하고 싶은 사람
만나고 싶지 않은 사람
만나면
삶은 고달프다.

살면서
사람을 잘 만나야
삶이 풍성해진다.

정말 사람 잘 만나야 한다.

34 —:

마음도 세월 따라 늙는다

한때
기다림, 떨림으로
세월을 살았다.

만남이 좋으면
마음 풋풋함이
온몸을 휘감았다.

세월 지나면서
별난 사정 없는데도
만남이

그냥 덤덤해졌다.

간절함도
절실함도
자꾸만 무디어지고
괜한 생각으로
머리를 싸맨다.

사는 동안
마음이 삶의 길잡이지만
몸이 늙으면
마음도 뒤죽박죽
삶을 뭉갠다.

그런데도
우리는
몸과 마음을
따로 새긴다.

어떤 이는
'몸은 늙어도 마음은 늙지 않는다(身老不心老).'
또 어떤 이는
'몸이 늙으면 마음도 늙는다(身老亦心老).'

생각 나름이다.

나이 들수록
몸도 마음도 늙는 것은
어쩔 수 없는 생리 현상인데
공연히 인간이 객기를 부린다.

35 —:

주는 것이 받는 것

살면서
주기도
받기도 하면
참 잘 사는
처신이다.

'금전' '물품' '칭찬'
'격려' '배려' '인정'

어느 것이든

부담 없이 도와주면
삶의 천사
좋은 인간관계
연결하는
든든한 끈이다.

어쩌다 받는 데만
욕심내면
관계는 긴장되고
단절의 실마리가 된다.

먼저 주는 것이
순수한 마음

세상인심 잘 챙겨야
내가 돋보이는 다이아몬드다.

36 ―:

못 말리는 유전인자

지금 세상인심이다.

'조급증'
매사에 덤벙댄다.

'다혈질'
어디를 가나
누구를 만나도
자기주장이 강하다.

‘내로남불’
같은 일 두고
내가 하면 정당
남이 하면 잘못
속된 말로, 내가 하면 로맨스 남이 하면 불륜

‘시기심’
남이 잘되는 꼴을 못 본다.

‘떼거리’
혼자 나서기 꺼리면서
여럿이면 자다가도 벌떡 일어난다.

‘사대 근성’
강자에게 오금 못 펴고
흐물흐물해진다.

‘모략 중상’
아니면 그만이고

헛소문이라도 상처가 남는다.

'약육강식'
약한 자에 강하고, 강한 자에 약하다.
강자도, 약자도 죽기 살기다.

'지역주의'
출생지역이 같으면
초면도 금방 친해진다.

'파벌 의식'
고향, 성씨, 이념,
출신학교가 같으면 챙기고 뭉친다.
끼리끼리라야 안심을 한다.

어디를 가나
누구를 만나도
고만고만하다.

누워서 하늘 쳐다보고 침 뱉긴데
갈수록 태산이다.
앞날이 암담하다.

서로가 오순도순
우리 모두의 바람인데
그때가
언제쯤일까.

37 —:

만나고 싶지 않은 사람

세상에 별별 사람 다 있다.
그게 사람 사는 세상
싫어도
좋아도
더불어 살고 있다.

인간 세상에
선택받은 사람만 사는
천국은 아니다.

그런데도

만나고 싶은 사람
만나고 싶지 않은 사람
잘도 가린다.

'언제 봐도 편안한 사람'
'보기만 해도 반가운 사람'
'발길이 뜸하면 궁금한 사람'
'보고 보고 보아도 또 보고 싶은 사람'

모두가 만나고 싶은 사람이다.

내 주변 둘러보니
어딘가 허전
아쉬움이 가슴을 조인다.

살다 보면 어디 만나고 싶은 사람만 있으랴

'치근거리는 사람'
'왠지 부담스러운 사람'

‘알랑거리는 사람’
‘촐랑거리는 사람’
‘능청 부리는 사람’
‘따지기 좋아하는 사람’
‘의심 많은 사람’

모두가 만나고 싶지 않은 사람이다.

살면서
만나고 싶지 않은 사람은
정녕코
되지 말아야지.

38 —:

미완성 묘비

누구도 죽음은
피하지도
거절할 수도 없다.

죽는 방법만 있을 뿐이다.

'자연사'
'병사'
'사고사'
'안락사'

선택권도 없다.
그저 팔자소관에
맡길 수밖에 없다.

한번은
술을 무척 즐겨 마시는
친구 글을 읽은 적이 있다.

살아온 세월 뒤돌아보고
술이 없는 삶을 탄식하면서

언젠가 죽으면 '묘비명' 에
새길 글을 실었다.

'술은 나와 영원한 벗 여기 잠들었어'

애주가인 삶의 절절함이 배어있었다.

내가 산 세상이다.

하루 세끼 밥만 먹어도
만족하던 시절 지나고
최빈국에서 선진국으로 놀라운 세상이다.

일제 통치 벗어나
해방되면서
좌우익 이념 갈등
지금까지도 세상은 혼란스럽다.

정권이 바뀔 적마다
세력 대립과 청산에
세상이 시끄러웠다.

그 세월 살아온 내 삶도
긴장과 불안으로 편치 않았다.

'아슬아슬한 세상 만나 용케도 잘 살다 간다'

내 묘비에 새기고 싶은 글이다.

39 —:

별난 사람 별꼴

남이 잘되면
'배 아파하고'

남이 도전하면
'그걸 왜 하느냐'

남이 성공하면
'별난 사람 다 보겠네'

남이 실패하면

‘그럴 줄 알았어’

동랑은 못 줄망정
쪽박 깨는
고약한 세상인심이다.

살면서
‘격려하고’
‘칭찬하고’
‘위로하고’
‘끌어주면’

그게 잘 사는 보약인데

꼭 뒤통수를 쳐야
속 시원해한다.

‘남이 잘되는 꼴을 못 본다’
살아오면서 주변에서 자주 듣던 말

무슨 용심이 그리도 많은지
민망스럽다.

삶의 싱싱한 보약은
상대를 진정으로 추어주는 것이다.

40 —:

내 삶의 절친한 친구

가끔
마음 뒤숭숭하고
허전할 때
책을 읽는다.

그 안에
온갖 내용들이
나를 순화시킨다.

'사람이 책을 만들고
책이 사람을 만든다'는 말

나에게 삶의 활력소다.
내 곁에
읽을 수 있는 책 있어 늘 행복
모두가 다정한 친구다.

책은 평소 찾지 않아도
아무 말 불평도 없다.

읽다
오래 기억에 담으려고
줄 쳐도
책장에 메모해도
그저 조용하다.

장소가 어디든
찾으면 나를 반긴다.

이 책 저 책
섞고 포개도

투정 부리지 않는다.

짬짬이 읽는 책 속에
삶이 찾아지기도,
가려진 세상이 보이기도 한다.

기분 따라
시시로 변하는
인간 친구와 달리

어떤 책이든
언제나 조용하고
변덕이 없어 고맙고
반가움이 항상 나를 품는다.

3부__

잘 사는 지혜

* 어떻게 살지?

세상도
사람도
시끄럽고 혼란스럽다
복잡하고 헷갈린다
내가 나를 알면
그 속에 길이 있다

41 —:

딱하고 딱한 사람

세상이 혼탁할수록
'힘센 사람'
'잘난 사람'
'간 큰 사람'
세상사에 판을 펼친다.

어찌
세상이 이 모양인지
모두가 탄식을 하는데
막상 당사자는 '담 넘어 불구경'이다.

세상 이치가
부메랑 된다는 것을
알아야 하는데

‘내가 던진 오랏줄 내 목 감는 것’
많이도 보았을 텐데

‘나만은 아니야’
‘그때는 그때’

자기 발등에 떨어질 불
남의 집 불구경하듯
딱하고 안타깝다.

정직하고 바른 도리가
참 반듯한 삶의 길인데!

42 ―:

건강 챙기기

건강은
건강할 때 챙겨야 하는데
발등에 불이 떨어져야
허겁지겁

건강한 사람이
모든 것 가질 수 있고

건강 잃으면
부귀공명 전부 잃는다.

설령 가진들
그림의 떡이다.

건강할 때 건강 챙기는 게
쉽지 않다.
알기는 하는데
실천이 되지 않는다.

설마 하는 방심
굳어진 생활 습관 때문이다.

'나는 괜찮아'
'설마 내가'
믿는 도끼에 발등 찍힌다.
'설마가 사람 잡는다'는 말
건강에도 빈말 아니다.

'건강할 때 건강 잘 챙겨야지'
그냥 해보는 '콧노래' 아니다.

행복한 삶에는
첫째, 둘째, 셋째도 건강이다.
건강은
돈, 명예, 사랑, 우정, 권력보다
먼저다.

'건강한 사람은 모든 것을 가졌고
건강하지 못한 사람은 가진 것이 하나도 없다'
프랑스 속담 귀가 솔깃하다.

아파보지 않은 사람에게
백번 일러도 공염불이다.

'건강 잃으면 그때부터 지옥이다'
내가 나한테 하는 엄중한 경고다.

43 —:

마음 다잡기

일상 만남에서
흔히
듣기도 말하기도 한다.

‘마음이 뒤숭숭해서’
‘마음이 혼란스러워서’
‘마음이 내키지 않아서’

‘마음 터놓고 이야기해’
‘마음이 다 홀가분하네’

'마음에도 없는 말 하지도 마'

우리 몸 안에 마음이 자리한 곳은
어디에도 없다.

온몸을 뒤져도
볼 수도
만질 수도 없다.

그런데도 마음은
종횡무진으로
인간의 칠정(喜怒哀樂愛惡欲)을 뿜어낸다.

마음이 닫히면
삶이 고달프다.

쉽게 흥분하거나
매사에 속상해하면
삶이 불편하고

병마가 기웃거린다.

마음이 열리면
온몸에 활기가 넘친다.

천하가 내 세상인 듯
신념과 자신감이
하늘을 찌른다.

마음은
누구의 것도 아니다.
눈에 보이지도 않는다.
오직 내 마음 안에만 있을 뿐이다.

마음 굳히기에 따라

때로는 선행이
나를 돋보이게 하고
때로는 악행이

나를 망치게 한다.

나도 내 마음을 모른다.
사랑, 우정, 인정
언제, 어떻게 변할지
마음먹기에 따라
웃기도 울기도 한다.

한 시인은,
'나의 마음은 고요한 물결 / 바람이 불어도
 흔들리고 / 구름이 지나가도 그림자 지는 곳'
마음을 읊었다.

마음은 마음대로다.
마음 다잡고
착한 마음 품고 또 품어야
삶은 지상천국이다.

44 一:

한심한 못난이

세상 살다 보면
별의별 사람 만난다.

'우왕좌왕하는 사람'
'갈팡질팡하는 사람'
'우유부단한 사람'
'미적미적하는 사람'
'아옹다옹하는 사람'
'사생결단하고 시비 거는 사람'
'자기에게 이로운 수법에 능숙한 사람'

참, 못난 사람의 모습
참, 한심한 사람의 처신
참, 가여운 사람의 성품

세상이 혼탁할수록
이렇듯 야릇한 사람들 행세가
고약하다.

누구를 만나도 눈살을 찌푸린다.
어디서도 면발치로 밀려난다.

사는 동안
꼼꼼히
나를 들여다보고

사람답지 못한 흉허물일랑
확 벗어 던져 버려야지.

45 —:

잘 사는 보약

우리네 삶에는
순수한 마음이
삶을 살찌우는 보약이다.

'사랑' '우정' '만남'
삶의 순수한 자연산 보약이다.

여기에 사사로운 욕심이나
무리수를 두면
삶은 꼬인다.

욕심 거두고
마음 문 활짝 열어
'이해' '용서' '배려' '관용'
가득 채우면
나를 살리는
최고 명약인데
그냥 깜박깜박한다.

마음 안에 숨겨진 보약
마음 밖에서 찾는
뚱딴지를 어찌하랴.

그래도
챙기고
또 챙겨
마음 보약을 마셔야지.

46 —:

의미 있는 삶

누구나

긴 세월 동안
틈틈이
많은 사람 만나
이런저런 사연 쌓는다.

가족, 친지, 친구, 지인
모두 삶의 생생한 인연이다.

세상사에 쫓겨
모두를 밀쳐버리고 살다
어느 날
외톨 된 나를 발견하고
떠난 인연 찾으려
머리를 싸맨다.

‘어떻게 사느냐’
저마다 몫이지만
인연 따라
품고 사는 게
참 잘 사는 지혜다.

‘늦다고 할 때가 가장 빠르다’
두고두고 새겨볼 직하다.

47 —:

나를 알면 세상이 보인다

일상 생활에서

누구에게나
열 번 잘해 주다
어쩌다
한 번 서운하면
섭섭해한다.

부부, 부모, 형제든
친구, 동창, 이웃이든
내 사람, 내 편이든

받는 데만 목말라 하고
인정은 간데없고
욕심만 넘친다.

오늘에 사는 사람들
감추어진 모습이다.

살기가 핍박해선지
인심이 메말라선지
어떤 사정이든
'욕심' '용심'은
나를 망치는 비상砒霜이다.

48 —:

작은 행복

'버스정류장에 도착하자
타고 갈 버스가 바로 다가왔다'

'지하철 환승장에 내려서는데
열차가 들이닥친다'

'엘리베이터 앞에 서자
문이 열린다'

그때마다 그냥 기분이 좋다.

모두가 사소한 일상인데도
그 순간은 마음이 그리도 흐뭇하다.

내가 절실하게 필요한 것이
쉽게 얻어지면
풋풋한 기쁨이 안겨 온다.

그런가 하면
내가 바라는 대로
일이 이루어지지 않고
꼬일 때도 있다.

지극히 작은 일인데도
마음이 아쉽다.
일상생활에서 흔히 부딪친다.

사는 동안
대인관계
일 관계

나에게 유리한 것만을
끝없이 추구하는 욕심에
삶은 항상 고달프다.

어차피 당하는 삶의 현장을
이득 손실로 마음 다잡지 말고
여유롭게 받아들이면
삶은 언제나 활력이 넘친다.

사소한 일상생활에도
오붓한 행복은 묻어있다.

49 —:

믿을 수 없는 말

'오로지 당신만을 영원히 사랑한다'
'당신은 나에게 최고이자 전부다'
절친한 사이에 오가는 말이다.

남녀 사이에 애정일 수도 있고,
친구 간 우정일 수도 있다.

이념이 같은 동지일 수도 있고,
출세를 위한 아첨일 수도 있다.

'믿는 도끼에 발등 찍힌다'는 말
명심 또 명심해야 한다.

삶은 한순간, 순간의 연출이다.
그때마다 주어진 역할에 목을 맨다.
그러다
지치면
뒤돌아 서버린다.

살면서
어떤 경우에도
'당신만'이라는 말은
서로 간에 친밀감을 다독이는
언어의 아첨일 뿐이다.

인간은 인간을
의지 할 수는 있어도
절대적인 존재는 될 수가 없다.

50 —:

삶의 싱싱한 맛

삶은
'설렘'
'기다림'
'그리움'
'떨림'이
있어야
진한 맛을 더한다.

만남도
사랑도

여행도
삶이다.

평생 살면서
정감 넘치는
친구도 만나고

이 사람 저 사람
사정 있어 만나고

꼭 내 사람이 되었으면 하는
연인도 만난다.

자연과 문화가 넘치는
곳곳을 찾아 나서는 것도 만남이다.

모두가
진한 삶의 현장이다.
소중한 삶의 순간들이다.

어영부영하다가는
삶은 더없이 권태롭다.

잘 챙기고
잘 다스려야
삶은 진한 향기가 진동한다.

51 —:

이왕이면 잘 살아야

살다 보면
화나고
짜증스러운 일
수 없이 부딪친다.

화禍에 매달리면
삶은 여지없이 망가진다.

만사를 긍정적으로 받아들이고
주어진 여건에 최선을 다하면
짜증은 밝은 미소로 반긴다.

원했던
원하지 않았던
얻어지는 결과에

욕심 비우고
느긋하게
적응하면
삶은 그럴 수 없이 편안하다.

하지만
매달리거나 얽매이면
삶은 지지리도 권태롭다.

'어떻게 살지?'
나 하기에 달렸지만
몸에 밴 습관 탓으로 만만찮다.

그래도
챙기고 또 챙겨야 삶이 훈훈하다.

52 —:

날이면 날마다

조선 시대 사색당파 권세 다툼 보듯
요즘 세상이 혼란스럽다.

'사상과 이념'
'자유 민주와 개혁 평등'
'지지 세력과 지역 갈등'

해방에서 지금까지
양극화가 끝이 없다.

권력이 마구 날뛰면
투쟁하는 대중이
온통 아우성친다.
세상이 시끄럽다.
양보 없는 주장이 판을 편다.

가는 곳마다
끼리끼리 열기가 뜨겁다.

배달겨레의 유전인자 탓인가!

대화, 토론, 협상이
모두 잘 사는 처방인데
이러지도 저러지도 못하는
우민愚民들만 고달프다.

어쩌자는 건지
언제까지 이 지경일지
화합과 안정이 우리 모두의 바람인데….

53 —:

내가 멋져야지

어떤 위치에서
무슨 일 하든
저마다 자기가 멋진 사람이기를 바란다.

그런데도
무슨 일 생기면
이기심이 먼저다.

내 이익보다
상대를 인정하고

배려하는 마음
나눔의 행동이
인품에 향기를 뿜는다.

양보도 하고
품어도 주고
언행도 반듯해야 한다.

알면서도 이따금
내가 왜 이러는지 허둥댄다.

'내가 멋져야 상대도 멋져진다는 것'
마음에 새기고
행동으로 옮기면

세상도 멋져진다.

54 一:

한 번 실수

'부부 사이'
'연인 사이'
'친구 사이'

한 번 실수하면
유리잔 금 가듯
예리한 상처가 남는다.

한 번 금 나면
다시 붙여도

흔적은 그대로다.

서로 간
관계가 소중할 때
귀함 알아야지

우리는
꼭 실수를 하고
후회한다.

'한번 실수는 병가의 상사' 가 아니라
'한번 엎지른 물은 다시 주워 담지 못한다'는
속담을 깊이 새겨봄 직하다.

평소
상대를 이해하고
인격을 존중하면

애정도, 우정도 향기를 뿜는다.

55 —:

삶은 만남의 연속

사는 동안
누구를 만나건
무슨 일을 하든
부딪히면서 세월을 보낸다.

그 속에 희로애락喜怒哀樂이 넘실거린다.
만남이 즐거우면 세상은 살맛 나고
만남이 우울하면 세상은 잿빛이다.

결혼도, 우정도, 가족도, 이웃도 만남이다.
자주 보면서

즐거움도, 슬픔도 함께하고
서로 아껴주고
위해주면 좋은 만남이다.

요즘 세상 만남을 피한다.
귀찮고 불편하단다.
세상이 뒤죽박죽이다.
앞뒤도 없고
위아래도 없다.
신경만 날카롭고 성질만 고약하다.

세상에 독불장군 없다는데
관심 두고, 서로 돕고 살면
거기가 천국이다.

일도 만남이다.
주어진 일, 맡은 일에
정성 다해 마무리 잘하면
사는 맛이 별미 중 별미다.

56 —:

문답은 삶의 활력소

우리네 삶은
묻고, 답의 연속이다.

계획은 질문이고
실천이 해답이다.

세상만사는
질문과 해답으로 풀어진다.
'왜?'는 이성이고
'맞아!'는 감성이다.
삶은 문제를 던지고 해답을 찾아가는 여행이다.

‘개인사’
‘가정사’
‘세상사’

의문 품고
해답 찾으면

삶은 탄탄대로다.

57 —:

내 탓 네 탓

내가 하는 일
꼬이면
상대를 탓한다.

살면서
수 없이 부딪친다.

누구 탓하며 사는 것은
참 못난 짓이다.

세상은 나를 위해 있는 것 아니다.
내가 세상에 적응하며 살아야 한다.

세상 어떤 것도
누구 탓하기 전에
바로 나부터 챙겨야 한다.

좋은 생각
나를 살리고

나쁜 생각
나를 죽인다.

삶은
내가 나를
살리기도
죽이기도 한다.

58 ㅡ:

인생길

한평생 살아야 하는
인생길
굽이굽이 돌고 도는
험난한 길이다.

때로는
평탄도 하지만
때로는
고갯길이다.

한때

편하다고
좋아하지도
한때
힘들다고
허둥대지도 말아야지.

사는 동안
좋은 일, 궂은일
오기도, 가기도 한다.

얻었을 때
잃을 때 대비하고

잃었을 때
얻을 때 준비해야 한다.

인생길
언제 어떤 때나
잘 다듬어진 길만은 아니다.

59 ㅡ:

천복天福

한평생
사는 동안
뭐니 뭐니 해도
건강, 돈, 즐거움이
보통 사람 소망이다.

셋 다 가지면 천복이다.
하나를 가지라면 건강이다.
둘이면 건강과 돈이다.

건강, 돈 가져도

즐거움이 없으면
사는 재미가 없다.

조물주가 한 사람에게
세 가지 복 다 주지 않는다.

노력하는 만큼
천복 가까이 다가갈 수는 있다.

건강 다지고
쓸 만큼 돈 위해 노력하고
일상의 즐거움 위해
좋아하는 일에 마음 쏟으면

천복은 항상 내 곁에 있다.

60 —:

개꼴 닮은 인간

내 어릴 적
농촌에 속칭 '똥개<재래종>'
도시에 '셰퍼드<개량종>'
마당 한구석 개집에서 키웠다.

별로 하는 일 없이
주로 도둑 예방
보양식 용도로
단순히 가축이었다.

지금 사정은 아주 다르다.
애완용으로 정을 나눈다.
종류도 많다.

응접실, 침실, 식당
심하게는 품에 안거나
한방에서 지내기도 한다.

보신용은 어림도 없다.

애완견이 때로는
친구, 애인, 자녀, 형제
대접받기도 한다.
옷도 입히고
먹이도 사서 먹인다.
병원 치료에
죽어서는
무덤도 챙긴다.

개전용(주인동반) 카페와 레스토랑도
낯설지 않다.
언젠가 길을 가다 개 전용 카페 간판에
'of the dogs, by the dogs, for the dogs'
눈에 띄어
언뜻 '에이브러햄 링컨의 게티즈버그 명연설'
머리를 스쳐
그 가게를 유심히 살펴본 적 있다.

이제 개를 함부로 하면
처벌도 받는다.
세태 풍경이다.

애완견 인구가 몇백 만이란다.

지하철 가림막 시구다.

'기쁜 일이 있을 때 / 폴짝폴짝 뛰어주는
강아지가 있다는 건 / 언제나 나를 응원하는 /
친구를 얻은 기분이다 / 울적할 때 내게

달려와 / 쏘옥 품에 안기는 강아지가 있다는 건 / 추운 겨울 포근한 이불에 / 위로받는 기분이다 / …'

- 서울 지하철 2호선 2018 시민공모작 송현정 '같은 말' 중에서

개가 시의 소재로도 당당한 세상이다.

그 옛날에 못난 인간을 두고
개를 빗대어 험한 말이 많았다.
'개 같은 ×'
'개만도 못한 ×'
'개 새×'
'개자×'
경우에 어긋나는 인간을 심하게 꾸짖는
저속한 말이다.

지금은 개가 한 가족인데도
옛날 개쌀 같은 사람 있다.

여기저기 기웃하면서

먹이만 있으면
자존심 체면도 없이
죽기 살기로 싸움질하면
'개 같은 ×'이라고 막말이 터진다.

개가 사람대접 받는 세상에
개꼴 인간은 되지 말아야지.

4부

나를 알면 세상이 보인다

* 나는 어떤 사람인가?

삶은
그저 풀어가는 고행이다
세월 지나 돌아보면
허무만 질펀하다
그저 왔다
그냥 떠나는데

---

61 —:

나를 죽이는 독약

인간 감정은
긍정, 부정을
함께 안고 있다.

긍정 감정은
삶의 보약이고

부정 감정은
삶의 독약이다.

'불평' '불만' '부화뇌동'
'속임수' '시기심' '이간질'
'중상모략' '부정행위'
나를 망치고
남도 망친다.

세상이 혼탁할수록
삶의 독약
온 세상에 가득하다.

야비한 처신은
살기 위한
처절한 몸부림일지라도
나를 죽이는 독약이다.

어떤 경우에도
멀리하고
피하고 또 피해야
사람답게 잘 사는 길이다.

62 —:

왜 살지

어떤 절친 모임에서
이런저런 이야기 하다
이 사람 저 사람에게

"왜 사느냐?" 했더니

"살기 위해서"
"살아 있으니까"
"죽지 못해서"
대답들이 싱거웠다.

"어떻게 살 건데?"

누군가
"죽을 때까지 살지 뭐"

틀린 말 아니다.

삶이 팍팍해선지
살아보니 별것 아니어선지
삶을 포기해선지
삶을 풍자해선지

도시 혼란스러웠다.

'나는 왜 살지'
한번 챙겨 보면
권태로운 삶은
활기가 넘칠 듯.

63 —:

주는 삶이 아름답다

내가 가진 것
필요한 사람에게 주는 건
바로 신神의 경지

'목마른 사람에게'
'배고픈 사람에게'
'가난한 사람에게'
'길 잃은 사람에게'
'간절한 사람에게'
소원을 들어준다.

가진 것 넘쳐서
남아서 보다

따질 것 없이
마음을 행동으로 옮기면
그게 바로 천사의 마음

요즘
세상 어수선해선지
가진 것 없는 사람 많아선지
너도 나도 주기보다
받는데 목맨다.

누구나 살면서
받아야 할 경우도 있다.

주면, 받는다는 이치 터득하면
계약서 없어도
뜨거운 마음이
주는 길로 이끈다.

베푸는 삶에 익숙하면
세상은 나의 천국.

64 —:

부담스러운 사람

살면서 부닥치는 소소한 만남이다.

‘만나기만 하면 부탁이다’
반가움보다 공연히 성가시다.

‘보기만 하면 말을 함부로 한다’
또 무슨 말을 하려나 긴장된다.

‘곁에 있으면 세상을 쥐락펴락 혼자 떠든다’
정신이 혼란스럽다.

상대를 배려하지 않는 삶의 방식
인간관계를 불편하게 한다.

만나고 싶지 않은 부담스러운 사람이다.

‘만나면 친근감’
‘보면 반가움’
‘곁에 있으면 편안함’
인간관계 최고의 선물

누구를 만나든
부담스러운 사람 되지 말아야지

다짐하고
다잡아 본다.

65 —:

아슬아슬한 민심

세상이 시끄럽다.

여기저기
갈등이고
투쟁이다.

깃발 들고
머리띠 두르고
구호도
노래도
열창이다.

'좌파나' '우파다'

'보수다' '진보다'
'갑이다' '을이다'
'부유층이다' '빈곤층이다'

양극화
흑백논리
세력 다툼에
낮 밤이 시끄럽다.

적폐 청산 깃발 들고
온통 난리다.

말끝마다 '민심' '민심'

'잘살아 보세/ 잘살아 보세/우리도 한번/
잘살아 보세'

60년대 '협동' '자조' '근면'을 외치던
새마을 노래가 새삼스럽다.

'사회안전'
'국리민복'

'국가발전'
우리 모두의 바람인데
양극화에 목을 매니
내일이 아슬아슬하다.

'뭉쳐야 살고, 다투면 서로가 망한다'는 사실
마음 깊이 새겨야 한다.

66 一:

아! 옛날이여!

세상
참 많이도 변했다.

인심, 인정 사라지고
체면, 순서 뭉개지고
가정, 가족 멀어졌다.

돈과 권력 풍성할수록 좋고
내 것은 내 것, 네 것도 내 것
배신에 배신이 성을 쌓고
부정부패도 먼저 챙겨놓고 보는 세상

오로지
나! 나! 나!

나만 좋으면

세상이야
말세든 종말이든
내 알 바 아니다.

강자는 약자 짓밟고
약자는 강자 앞에 온몸 움츠린다.

같은 일 두고
네가 하면 부당
내가 하면 정당

온갖 중상모략 아니면 그만
튀고 망가져야 사는 세상

이건 아닌데
분명 아닌데
무엇이 잘못되고
어디가 뒤틀렸나!

해괴망측한 진흙탕 세상
온통 황당하고 살벌하다.

인정 인심 넘쳐나고
체면 질서 지켜지고
가족 가정 오순도순 했던
지난날
그립고 그립다.

좋은 세상
멋진 세상

지금 우리
모두의 바람이다.

67 —:

뒤죽박죽 세상

길 가다
차 타다
신문 보다 보면

사람들
모양새
행동거지
천태만상

몸치장 시선 민망하고
길거리 질서 망가지고
정치 발바닥에 밟히고
부패 하늘에 풀풀 날고
유언비어 슬금슬금 기어 다녀도

바야흐로 개그 시대

누가
보든 말든
알든 말든
내 좋으면 그만인 세상

별난 개성시대
눈에 튀어야
사는 맛이 별민가!

정상과 균형이 망가지면
세상은 뒤틀리고
뒤죽박죽인데

이를 어쩌나!

68 —:

얼굴은 마음 거울

살아가면서 별의별 얼굴 만난다.

'맑은 얼굴'
'밝은 얼굴'
'편안한 얼굴'
'자신감 넘치는 얼굴'

'어두운 얼굴'
'찡그린 얼굴'
'근심 걱정 찌던 얼굴'
'불평불만 가득한 얼굴'

육신은 마음 감싸는 의상

마음 고와야
얼굴 평화로운데
살면서 온갖 일에
오만상이다.

얼굴은 그가 살아 온
한 폭 풍경화

내 얼굴 어떤 모습인지
하루 한 번쯤
거울 마주하고

지금 내 삶의 표정
살펴봐야지.

69 —:

장수 타령

세상에 태어나면
싫든 좋든
한평생 살아야 한다.

얼마를 살아야 하는지는
예정도 없고
누구도 모른다.

모두가
건강하고
즐겁게
오래 살기 바랄 뿐이다.

그런다고
생각대로, 욕심대로 사는 것도 아니다.

인생은 딱 한 번 피었다 지는 꽃
생명 다하면 끝날 뿐

일생은 흘러가는 물
한 번 지나치면
그 물은 다시는 돌아오지 않는다.

예전에는 60세만 넘겨도 장수라고
온 동네가 축복

61세면 '희갑연回甲宴'
70세면 '고희연古稀宴'
77세면 '희수연喜壽宴'
88세면 '미수연米壽宴'
99세면 '백수연白壽宴'
100세면 '천수연天壽宴'

온 가족, 친지가 모여 축수祝壽잔치

지금은 100세 시대
실제보다 희망 사항
70대 거동 불편 없으면
'내 나이가 어때서'

옛 중국 두보杜甫시인은
'인간칠십고래희人間七十古來稀'
70 살기도 드물다고 했다.

지금은
의술이 발달
생활환경 좋아
평균수명 길어지니
인간 욕심 발동 걸었다.

100세 살아온
어느 저명인사 쓴 글

'100세 살아보니
마누라 먼저 가고
주변 친구들 다 떠나고
자녀들 노쇠하여 자기 간수도 버거워

가족 간의 정감도 무뎌지고
사지오관四肢五官도 둔탁해져
혼자가 그리도 외로울 수가 없다'라고
속마음을 비쳤다.

나이 덜면서 욕심내는 것은
그저 장수長壽 타령
나이 든 주변 사람들 모두가
오래 살기를 소원
이왕이면 건강까지 덤으로 바란다.

어떤 이는 '아파도 좋으니 죽지만 않았으면'
소원이다.

'인명재천人命在天'은 만고불변의 진리

얼마를 살든 천운天運에 맡기고

사는 동안
건강하고 즐겁게 살아야지

수명 욕심낸다고 더 오래 살지 않는다.

70 —:

말은 품격이다

일상에서
'놈' '년' 이라는 말 잘 쓰지 않는다.
남녀를 비하한 뜻 담고 있어
함부로 쓰다가 큰 낭패 당한다.

'나쁜 놈' '비겁한 놈' '망할 놈'
'몹쓸 년' '고이 한 년' '지독한 년'

'이놈' '이년' 하면
자초지종 제쳐두고
모욕감에 노발대발
순수한 우리말인데도 천박하게 들린다.

천자문, 옥편에도
‘놈 자者’ ‘계집 녀女’로 표기하지만
한자용어로 쓰면 ‘놈’ ‘계집’은
흔적 감춘다.

‘학자學者’ ‘애국자愛國者’ ‘성직자聖職者’
‘교육자敎育者’ ‘열녀烈女’ ‘효녀孝女’
‘미녀美女’ ‘숙녀淑女’

옛말에 ‘아, 다르고 어, 다르다’는 말
이럴 때 제격

말 함부로 하면 인격에 먹칠
이왕이면 품위 있는 말에 익숙해야
인품이 돋보인다.

말도 습관이다.
평소 생각 없이 함부로
이 말 저 말 쓰다
자신도 모르게
스스로 경박한 사람이 된다.

세상 혼탁할수록
천박한 말이 판을 펼친다.
요즘 세상이다.

그럴수록
스스로 얼굴에 침을
뱉지는 말아야지

'같은 값이면 다홍치마'
품격 있는 말
나를 돋보이게 하는 숨겨진 보물이다.

71 —:

나는 어떤 사람

언제 어디서나
'편하고, 재미나게'
'즐겁고, 부담 없게'
해주는 사람

누구에게서도 사랑받는다.

'인간성 좋고, 예의 바르고'
'교양도 갖춘 사람'

친구든
연인이든
모두 원하는 사람이다.

어디 가든
누구 만나든
두 손 벌려 환영이다.

만나면
부담스럽고
무례하고
불편한 사람

만나고 싶지 않다.
누구도 기피한다.

지금 나는
어떤가?

환영받고
만나고 싶은 사람
되어야지.

챙기고 또 챙겨야겠다.

72 —:

우정 파산

오십 년 넘게 다져온 우정
천 리 밖 친구가

어느 날
모처럼 마음먹고 준비한 듯
"서울예술극장 음악회 예약했으니 함께 가자"

그날
피치 못할 사정 있어
자초지종 말하니
몹시 서운해 했다.

만난 지가 오래라

보고 싶기는 같은 심정
몇 날 후
안부 전화 했더니
말투가 냉담

어정쩡하게 전화 접고
기분이 뒤숭숭

전에 없이 서먹한 분위기에
문득 '우정 파산'이란
엉뚱한 생각이 스쳤다.

파산은 재산이 거덜 난 건데
우정 파산이면
우정이 싸늘해졌다는 메시지

더없이 다정해야 하는 우정이
일방적인 섭섭함으로
문을 걸면
우정은 파산선고나 다름없지.

가까이 있으면

만나 손을 잡기라도 하련만

우정은
내 편도, 네 편도 아닌
공유의 광장이자
티끌도 오물도 없는
맑고 맑은 호수인데

두고두고 마음이 무겁다.

'친구야!
나 왔어
문 열어 줘
난 너를 언제나 사랑해!'

73 —:

무서운 세상

삶의 길목에서
이런 저런 인연으로
많은 사람 만난다.

가까이도
그냥 지나치기도 한다.

유명인(재력, 권력, 명예)이면
관심은 더하다.
세상인심이다.

자기 나름으로
'아주 쓸모가 있다'

'아직 쓸모가 있다'
'아쉬운 대로 쓸모가 있다'
'쓸모가 없다'
'귀찮다'
'아주 귀찮다'

인심 따라
세월 따라

가까이
멀리
관계가 달라진다.

계산된 인간관계
인정 보다
이해관계가
챙겨지는 세상

천박하고
못난 짓이라고
손가락질하면서도
알게 모르게 길든다.

살면서
인간관계
이해타산으로 얽매면

삶은 엉망진창으로 꼬인다.

74 —:

자연은 순응이다

[1]

산행山行을 하면
자연의 신비와 오묘함에
가슴이 뻥 뚫려
온 산천이 품에 안긴다.

봄이면
풀과 나무들
꽃과 잎을 피우면서
생기를 뿜고

여름이면,
싱싱한 잎사귀 가지들이
탁 트인 공간을 메운다.

가을이면
온갖 색깔로 옷을 갈아입고
화려한 수를 놓아
시야가 황홀하다.

겨울이면
성장을 멈추고
모진 추위에
흰 눈 덮어쓴 채
다가올 봄을 기다리며
내공을 키운다.

자연은 어느 것 하나
거부하거나
저항하지 않는다.

어떤 상황에도
적응하고 받아들이는
지엄한 순응이다.

거슬리면 그냥
피하거나 양보를 한다.

서로 돕고 함께 살아가는
순리가 온 산천에 가득하다.

그저
햇빛, 바람, 비.
계절의 변화에 생사를 맡긴다.

마냥 감탄이고
순수함에 취한다.

자연의 신비함을 보노라면
어느 것 하나
어색하거나 거슬림이 없다.

[2]

인간 세상은
복잡하고 혼란스럽다.

살기 위해
살아가기 위해
온갖 술수와 다툼이
세상을 가득 메운다.

인간도 자연의 한 현장
온통 세상사
순리를 따르면
삶은
생기가 솟고
활기도 넘치리라.

[3]

산행은
혼란스러운 세속에 물든 나를 깨워준다.
그래서
산행이 좋다.

지금도
먼 산
가까운 산
가고픈 산 나서면
나는
흔쾌히 배낭을 챙긴다.

75 —:

세월 탓 내 탓

나이가 드니
주변에 힘든 사람 수두룩

‘중병 들어 나날이 고통에 휘둘리는 사람’
‘실타래 엉키듯 가정사에 심신이 멍든 사람’
‘부부 인연 다해 혼자인 사람’
‘가까운 이들이 자꾸만 멀어져 외롭다는 사람’
‘하는 일 별다른 취미 없어 하루하루가
 지겹다는 사람’

삶이 여유로운 사람
세월은 번갯불

삶이 지루한 사람
하루가 수삼 년이다.

사람마다
사정 달라
삶의 묘안 찾기
쉽지 않다.

스스로
자기를 챙기고
처방전을 만들어야
삶이 풋풋하다.

76 —:

삶을 내 편 만드는 지혜

장수시대
오래 살기
모두들
지극정성

‘어떻게 살지?’
대답이
구구하다.

‘좋은 친구와 만난다’
외로움은 암보다 무섭다.

‘자서전을 쓴다’

일생을 한 번 더 살 수 있다.

'좋은 글을 읽는다'
마음에 와 닿는 글은 영혼을 젊게 한다.

'영화, 연극, 전시를 관람한다'
또 다른 세상을 만난다.

'적성에 맞는 일에 정성을 쏟는다'
무아지경이다.

'여행을 한다'
시야가 넓어 내 마음도 더 넓어진다.

'연애를 한다'
세상이 더 이상 아름다울 수 없다.

오래 사는 것도 좋지만
내가 잘 살아야
세상도 멋지다.

77 ㅡ:

건강 다지는 귀띔

요즘
살만하니
모두가 건강에 관심
건강 시대 정보가 홍수

즐거운 마음으로 하루를 시작해야
삶이 즐겁다.

병나면 병과 친해야 덜 고달프다.
병도 친구는 해치지 않는단다.

걷는 것보다 더 좋은 보약은 없다.
걸으면 생기 왕성하고(步步生生)

걸으면 즐거움 쌓이고(步步樂樂)
걸으면 살고, 누우면 죽는다(步生臥死)
가만히 있으면 몸이 굳는다.
자주자주 움직여야 생기가 솟는다.

물은 최고의 보약
이왕이면 생수가 제일

편식은 건강의 적
음식 욕심은 수명 단축 지름길
과음과 흡연은 저승사자

온몸 순환이 잘 되면 100세는 무난
하루가 즐거우면 그게 천국

지나친 욕심으로
신경 곤두서면
온몸이 굳는다.

잠을 설치면
건강 나빠지고
수명도 짧아진다.

몸을 항상 깨끗하게 해야 몸에 생기가 펄펄

이 모두 몸에 익히면
건강은 내 편

‘건강할 때 건강 챙겨라’
건강 최고의 경고

병 난 뒤 후회보다
미리 건강관리 챙겨야
건강 장수는 받아 놓은 밥상

모두들
고개 끄덕이면서
막상 실천이
되지 않는단다.

후회인지
반성인지

그럴수록 내 건강만 달아난다.

78 —:

노년 생동생동 비결

사람은 나이 들수록

몸이 둔해지고
모든 것이 성가시고
온몸이 서서히 쇠퇴해 간다.

의욕도
감각도
꼬리를 내린다.

삶이 허전해지면서
세상을 비관한다.

괜찮은 처방을 챙겨본다.

비상금은 있어야
무일푼이면 설움도 많아진다.

예술 관람을 가까이하면
별의별 작품에 흠뻑 취해
또 다른 나를 만난다.

살다 보면 누구나 잘못이 있을 수 있다.
이해하고 양보하면
우선 내가 편하다.

여행은
더 넓은 세상을 보면서
삶의 활기를 찾는다.

내 곁을 떠나는 친구
미련 두지 말고 놓아야
있는 것이 없는 것보다 불편하면
삶은 고달프다.

삶에 부부이상 더 좋은 동행은 없다.
때로는 부부가 왠수(?) 같이
불편할 때도 있지만
비록 고약한 마나님(남편)이라도
없는 것보다 백번 천번 낫다고
짝 잃은 이들의 한결같은 푸념이다.
서로 아끼고, 챙겨주면
부부는
이 세상 최고 반려자다.

나이 듦은 죄가 아니니
기죽지 말고 당당해야지

내 스스로를
가꾸고
다지고
챙겨야
노년이 행복하다.

79 —:

한 사람 두 모습은 끌장

세상 사람
거의 성격 다르고
삶의 방식도 틀린다.

궁지에 몰리면
성격 따라
인간성 나타난다.

속 다르고 겉 다르면
당황스럽다.

그 사람의 됨됨이가
여간 딱해 보이지 않는다.

천성이거나
계산된 처신일 수도 있다.

힘든 세상 살면서
살아남기 위해
어쩔 수 없다지만
철저한 이기주의자로 황당하다.

요즘 세상
많은 사람 관심받는 저명인사들
속과 겉 다른 언행과 처신 보노라면
어쩌다 세상이 이 모양인지!

'우선 내가 살고 봐야 한다'면
삶은 끝장이다.

어떤 사정이든
행실 됨됨이는 진실해야지
몇 번이고 다짐해본다.

80 —:

정치인 가면假面

어림잡아 50년 전쯤
알고 지내던 정치 초년생이
'정치인은 거짓말에 달인이 되어야 한다'
정치학개론 첫 장에 있다고
농담 삼아 뼈있는 우스갯소리가
지금도 귓전에 생생

그는 K대학 재학 중에 '모의국회' 의장도
맡았던 엘리트

'정치인은 왜 거짓말을 번듯하게 잘하느냐'
농담 삼아 물은 말인데 약간은 진정성이 밴
듯한 재치로 받아넘겼다.

당시 정치판에 무지했던 터라
정치인일수록 정직해야 하는 것으로
알았는데
아리송하고 얼떨떨

세월 많이도 지났는데
정치 현실을 보면서
그때 그 말이 떠오르곤 한다.

'정치는 살아 움직이는 생물'
'상황에 따라 융통성이 있어야지'
정치인의 이중 잣대가 혼란스럽다.

속내 감추고
오로지 '대중'을 파는
낯 뜨거운 정치 현장
누구에게도 불편

사실과 거짓이
뒤범벅이 된 정치 현실이 아쉽나.

정치인일수록 정직과 진실이

대중을 사로잡아야지
그럴 때
민중은 정치인을 신뢰하고 안심을 한다.

세월 흘러도
정치인 농간은
지칠 줄 모르니

어쩌지!
어쩌면 좋아!

5부

시상詩想 그리고 허상虛想

* 살면서

누구나
마음에 시를 품는다
삶의 떨림이자
진솔한 느낌이다

81 —:

산이 부른다

[1]

산이 거기 있어
그를 만나러
배낭 메고
길을 나선다.

꿈쩍 않고
천만년을 품고 버틴
그대 자태가
나를 홀린다.

그대 품에 안기면
내 삶의 기운은

하늘을 훨훨 날아
심장에 불길을 지핀다.

[2]

산에는
숲, 나무, 꽃, 바위, 계곡,
하늘, 바람, 구름, 안개
느낄 수 있는 모든 것
그 안에 있어
조화와 침묵으로
나눔과 어울림이 참 순수하다.

산을 만나면
온갖 향기가
오관을 깨운다.

그래서
늘 산이 그립다.

[3]

산은
살아 숨 쉬는
거대한 광장

무엇 하나 감추지 않는다.
그저 느낌으로 가득 찬 현장
가만히 귀 기울이면
때 묻지 않은 맑은 음향이
소곤거린다.

산을 가면
느긋함과 편안함이
온몸을 휘감는다.

[4]

산에는
모두가 싱싱
심장이 쿵쿵거리고
다함이 없는
신비의 찰나에서
내 정체성과 만난다.

오늘도 산이 손짓
산을 만나고 싶어
나는 배낭을 꾸린다.

산을 가노라면

밟고 온 긴 세월이
잔잔한 명상이랑
산길에 깔린다.

[5]

산은 백 년 친구 인양
언제나
나를 반긴다.

산은 산이라서
언제 보아도
언제 가도
가슴이 확 뚫린다.

산은 자연의 생태가
살아 숨 쉬는
생생한 현장이다.

어떤 간섭도
바람도 없어
그저 산길이 편안하다.

그래서 나는
산이 좋아
마냥
산바람이 난다.

82 ー:

사랑 그리고 이별

사랑이 꽃필 때
세상은 온통
황금 밭이어라.

사랑은 주기도
받기도 하지만
주는 것으로도 푸근하다.

사랑은 불덩이로 와서
얼음덩이 되어
떠나기도 한다.

사랑이 미소 짓고 안기다
눈물 안고 돌아서면

사랑은 끝내 모질게
가슴에 박혀 숨통을 조인다.

사랑은 환희에 취하고
이별은 허무에 떤다.

인간은
그 떨림의 외줄을 타고
곡예를 한다.

83 ㅡ:

임의 허상

아!
임은
아파도 가슴에
담아야 하는
시퍼런 장미 가시
이더이다.

사랑 이글거릴 때
온몸이 불덩어리고

사랑 떠나면
싸늘한 냉기
가슴 저며요.

아!
임은
사랑 안고
오면
가는
허상이어라.

그리움도
간절함도
사랑의 횡포지요.

84 —:

번뇌는 저승사자

인간은
사는 동안
온갖 번뇌로
미친 듯 춤춘다.

'근심' '고민' '괴로움' '고난'

모두가 번뇌의
저승사자

때로는
절망에
몸을 떤다.

오! 당신은 수도자
아! 당신은 수행자

만물 영장인 당신
오관 걸어 잠그고

고달픈 번뇌랑
허공에 묻어야.

85 —:

그대 안 이 마음

그 많은 사람 중
오로지
그대 그리는
이 마음

낮 밤 없이
그리워
그대 곁으로만
맴도는
이 마음

마주하면
전부를
다 채워버린

이 마음

그대
내 안에
안기면
세상사 번민은
다 사라지는
이 마음.

86 —:

마냥 즐거움

당신을
만나는 즐거움
마냥 풍성합니다.

당신을
바라보는 즐거움
마냥 떨리어 옵니다.

당신이
안겨 오는 즐거움
마냥 하늘거립니다.

당신과
부딪치는 즐거움

마냥 떨리어 옵니다.

나는
날마다
그대 향한 즐거움

마냥
기다려집니다.

87 —:

사랑 떠난 허탈

사랑한다는 말
내 영혼을 뒤흔드는
세상에서
가장 잔인한 말

사랑이
배시시 반기면
나는 꼼짝 없이
떨림에 녹아들고

사랑이 등을 보이면
나는 설움에
온몸이
굳어 버린다.

사랑이 나를
찾아올 때면
뜨거운 폭풍이
휘몰지만

사랑이
떠날 때면
얼음 기둥이
자근자근
숨통을 조인다.

나는
휑한 들판에서
미친 듯이
너울너울
춤을 춘다.

88 —:

석양 유감

먼 산
너머로

떨어지는
검붉은 얼굴
머뭇거린다.

한낮
그토록 이글거리며
열정에 떨던

환희의 심장도
서서히
자태를 감춘다.

나도 석양을
닮아 가는가

지나온 세월
온갖 사연
허허!

89 —:

만남과 떠남

나는 내 식으로
너를 만났고

너는 너 식으로
나를 만났지

나는 내 식으로
너를 떠났고

너는 너 식으로
나를 밀쳤지

그러면서
나는 너를

가슴에 담았고

너는 나를
마음에 묻었지

지금
우리는
접혀서
날지 못하는
종이학 되어

하얗게
바랜다!

90 —:

아린 슬픔

세상에
슬프지 않은 거
그 어디에도
없어라.

세상에
영원한 거
없어
슬퍼라.

한세월
흘러가면
슬픔은
강물이어라.

91 —:

그리움

내 가슴은
당신을 담고 있는
세상에서 가장 큰
항아리

당신이
사무치게
그리울 때

강물에
꽃잎 띄워
마음 실어
당신에게 보내고

바람결에
당신 향기
맡으려
마음 창을 연다오.

92 一:

꽃들의 향연

산길 풀숲
나풀거리는 꽃
나를 안으면

자작나무 등걸에
기댄 꽃
미소를 흘린다.

계곡 물가에
몸을 담근 꽃
내 마음 담고

속살마저
부끄러움 감춘 듯

그저 웃고만 있다.

꽃 품에 살포시 안기니
진한 꽃 향
온몸에 스민다.

93 —:

다 함께 오순도순

세상이 시끄럽고
온통 난리다.

보수다 진보다
날이면 날마다
기를 쓰고 으르렁

백성은 갈라져
양면의 칼

한 날은 보수라
기득권을 감싸
자유의 깃발을

한 날은 진보라
변화에 목을 매고

나눔의 세상으로
밀고 다툰다.

보수는 안정
진보는 개혁
아우성

모두 한나라 백성인데

생각 달라도
서로를 존중하고
상생 공존을 찾아야지

죽기 살기 극한투쟁보다
토론과 타협

비방과 적대감보다
화합과 통합이

백성 된 진정한 모습인데

자기주장은 정의
당신 주장은 악이라고
이념에 갇혀
투쟁, 선전, 선동으로
편 가르면

두고두고
분열의 소용돌이에서
산산조각일 뿐

언제쯤
짙은 안개 걷히고
함께하는 날 오려나?

마음 간절!

94 —:

삶의 경고

요즘,
스마트폰 메시지. 카카오톡
무수한 정보
볼 적마다 공감

살아온 세월에 파묻혀
알아야 할 지식과 정보에 둔감
기억력 가물가물
정신마저 혼미하다.

그냥 대충 살고 있는
굳어진 습관 탓

활용하지 않는 정보는 쓰레기

일상적인 지식과 정보
공감하면서도
그냥 지나치면
그만큼 삶은 허술해진다.

쉽게 얻어지는 것
대수롭지 않게 여기는
굳어진 감정 습관이 문제

어렵게 얻기보다
쉽게 얻어지는 것이
더 소중

마음 깊이 새겨야 할 삶의 경고다.

95 —:

신앙信仰은 삶의 천국

세상 살다 보면
환경 변화와 삶의 갈등으로
힘들 때가 있다.

세상만사 싫어지고
삶을 포기하고 싶기도 하다.

누군가
지치고 흔들리는
자신을 잡아줄
손길이 아쉽다.

이럴 때

신앙보다 더 좋은 구원자가 없다.
믿음을 품으면
마음이 편하고 여유도 생긴다.

신심信心은

세상을 사랑으로 감싸고
선은 가까이, 악을 멀리한다.

남을 위해 나를 헌신하고
삶을 긍정적으로 받아들인다.

자기를 학대하지 않고
나보다 남을 먼저 생각한다.

인간관계가 원만하고
가족관계가 화목하다.

서로 의지하며
여러 사람과 어울림도 활발하다.

마음에 위안을 얻고

내세 부활에
죽음 공포에서 멀어진다.

깊은 신심은
마음 안정으로
수명을 연장하는 수련 효과도 있다.

믿음이 깊으면
어떤 어려움도
자신을 지켜 주리라는 신념이 생긴다.

인간에게 신심은
일체의 번뇌를 벗어나
무아의 경지로 이끈다.

신앙에 몸담지 않은 처지지만
때때로 신심에 묵도하면
내 심신心身은 천상이다.

96 —:
책과 음악은 내 삶의 낙원

나는 책과 음악을 가까이하는 편이다.

[1]

독서는
다양한 지식과 상식
창의성과 사고력
인격과 정서
일상의 재미와 감동을
가져다준다.

책을 읽으면 마음이 넓어지고
세상의 과거, 현재, 미래가 보인다.

때로는 한 사람의 생애와

삶의 질펀한 과정을
들여다보면서
용기를 얻고
새로운 도전에 빠지기도 한다.

사람이 곁에 있으면 신경이 쓰이는데
책이 가까이 있으면 그저 편안하다.

책은
다정한 친구
인생의 안내자
듬직한 스승
마음의 쉼터이자
한량없는 지식 창고다.

내 생활 주변 공간에는
여러 분야 책들이 늘려 있다.
언제라도 읽을 수 있고
읽고 싶은 책 있어서
삶의 여유가 담뿍하다.

책을 읽으면
그 속에 담긴 내용에

잔잔한 감동이
경험해보지 못한 분야의
간접 체험을 통해
삶의 방도도 그려진다.

가끔 길을 가다
서점을 만나면 들러
서가 책들을 살펴보는
나만의 즐거운 안식처다.

[2]

음악은
또 다른 나의 휴식이자
일상의 긴장에서
마음을 녹여주는 감로수다.

오랜 세월 사는 동안 유성기, 라디오,
오디오, CD, DVD, MP3로 음악의 흐름이
지금껏 나를 정겹게 안아주고 있다.

가곡, 클래식, 재즈, 팝송, 대중가요, 민요
종류와 격식을 가리지 않고

그저 듣기만을 즐긴다.

아침이면
잔잔한 음악이 나를 깨우고
밤이면
감미로운 음악이 포근한 잠자리로 이끈다.

[3]

틈틈이
음악을 들으면서 책을 읽다가
이제는
버릇이 되었다.

책 읽기와 음악 듣기는
나에게
심신을 포근하게 감싸주는
아주 절친한 연인이자 친구다.

언제 찾아도
읽을 책과 들을 음악이 곁에 있어
하루하루가
늘 넉넉하다.

내 눈과 귀가 건강 하는 한
언제나 함께할 동반자가
둘 있다는 것은
나에게는 더없는 행복이다.

97 —:

소중한 삶의 보석

평생 새겨두고
실천해야 할
삶의 보석이 있다.

옳은 일에
당당하게 나설 수 있는 '용기'

자기 일에
임무와 의무를 다하는 '책임감'

상대가 불편하지 않도록
자상하게 보살펴주는 '배려'

상대를 높여 주고
자기를 낮출 줄 아는 '겸손'

방종에 흐르지 않도록
감성적 욕구를 누르는 '절제'

자기 주변 사람에게
인정이 담긴 '관심'

비록 적은 것이라도
따뜻한 정을 베푸는 '나눔'

양보, 도움, 배려, 격려 받았을 때
진심으로 고마움 전하는 '감사'

상대방 정당한 주장
입장 이해해주고 인정해 주는 '존중'

자기 몫을 흔쾌히 사양하여
남에게 내주는 '양보'

나만의 고집 버리고

서로 도움 되는 방향으로
절충하는 '타협'

어떤 경우에도 꾸밈없이
한결같은 마음을 간직하는 '정직'

조그마한 거짓도 없이
사실만 담아내는 '진실'

온갖 어려움이 있어도
돌아서지 않는 '신뢰'

태도나 행동에 거짓 없이
성의를 다하는 '성실'

어려운 처지에 있는 사람
도와주는 '자선'

자신의 이해를 돌보지 않고
남을 위해 헌신하는 '봉사'

성공하여 이룬 재산

유익한 목적 위해
사회에 쾌척하는 '기부'

윗사람 어른을
항상 받들어 섬기는 '공경'

편 가르지 않고
모두를 아우르는 '화합'

매사에 서두르지 않고
한 번 더 신중하게 생각하고
유연하게 행동하는 '여유'

어떤 위치에 있든
무슨 역할 하든
신분이 무엇이든
이 모두를 마음에 새기고 실천하면
내 사람됨의 향기가
사방에 진동하리라.

늘 챙기고 또 챙겨야 할 삶의 보석이다.

98 —:

더불어 잘 사는 지혜

흔히 사람들
제 잘난 맛에 산단다.

세상은 나만 사는 게 아니라
많은 사람 함께 살아가야 한다.

내가 필요한 것 상대가
상대가 필요한 것 내가
가지고 있을 수 있다.

더불어 사는 세상
공생하는 지혜
반듯한 마음가짐이면 삶은 편하다.

주변에서 흔히 마주하는 민망한 풍경이다.

앞뒤 사정 외면
스스로 최고라고 거들먹거리는 ‘자아도취’

자기 존재 인정받으려
스스로 과대 포장 하는 ‘자기과시’

지난날 한때 성공
두고두고 떠벌리는 ‘과거 집착’

상대가 한 일 못마땅해
탓하고 미워하는 ‘원망’

잘난 체
남 업신여기고 거드름 피우는 ‘오만’

돈. 물건. 시간. 노력
생각 없이 헛되이 쓰는 ‘낭비’

어려움 참지 못하고
하던 일 중도에서 팽개치는 ‘포기’

이해관계 없이 남 일에 끼어들어
아는 체 간섭하는 '참견'

세상 어떻게 돌아가든 알 바 없이
오로지 내 편안만 즐기는 '만사태평'

이 모두 세상 살면서
서서히 나를 죽이는 독약이다.

나는 어떤 사람?

반면교사로
'나는 아니지'
당당하게 말할 수 있어야
더불어 잘사는
지혜의 천사다.

99 —:

고약한 마음은 지옥

알 수 없는 게 마음이다.
누구나
선한 마음
고약한 마음
둘 다 품고 있다.

선한 마음
나를 편하게 하고
고약한 마음
나를 지옥에 빠뜨린다.

지옥 가보지 않아
얼마나 무서운지 몰라

겁怯 없이
고약한 마음 함부로 품는다.

자기가 간여한 일 뽐내며 자랑하는 '자만심'

자기 일을 남에게 의지하려는 '의타심'

분에 못 이겨 앙갚음하려는 '복수심'

오로지 자기 이익만 꾀하는 '이기심'

알지도 못하면서 믿지 못하는 '의심'

남 잘되는 꼴 못 봐 시샘하는 '질투심'

확신도 자신도 없이
큰 이익 노리고 덤비는 '투기심'

한때 성공한 자기 과거에 매달려
허송세월만 하고 있는 '집착심'

이 모두가 삶의 지옥이다.

내 안에 고약한 심보가 둥지를 틀면
가차 없이 쫓아 버려야 한다.

허튼 마음은 나를 추하게 만들어
누구도 나를 피한다.

사람들은 살아가면서
고약한 삶의 종양에
면역성이 만성화되어
스스로 지옥문을 두드린다.
지옥은 천국 뒷집인 불구덩이

버려야 할 고약한 마음은
삶의 악성 종양이다.
수술이 빠를수록 지옥을 벗어나
좋은 삶을 얻는다.